Démasqué : L'homme venu d'ailleurs

Des Secrets Célestes dévoilés

TOM LEVY

Première édition : Novembre 2023

ISBN : 978-2-89864-022-3

Édité par : 01 Web Canada

Préface

Dans un univers où la réalité surpasse souvent la fiction, la vie et les réalisations d'Elon Musk semblent souvent relever de l'inimaginable. D'une modeste enfance en Afrique du Sud à son rôle en tant que pionnier des nouvelles frontières de la technologie et de l'espace, la trajectoire de Musk n'a cessé de captiver le monde entier.

Ce livre est une exploration humoristique, parfois profonde, de la vie de cet homme exceptionnel. En parcourant ces pages, vous découvrirez non seulement les hauts faits de Musk, mais aussi une série de théories ludiques et comiques qui tentent d'expliquer son génie. Est-il vraiment de notre monde ou pourrait-il être l'ambassadeur d'une civilisation lointaine, envoyé pour guider l'humanité ?

Des premiers jours de SpaceX à la promesse de Neuralink, en passant par les intrigues de The Boring Company et l'empreinte extraterrestre possible derrière chaque tweet, chaque chapitre est conçu pour vous faire sourire, réfléchir et vous émerveiller. Pourtant, au-delà de l'humour, ce livre est aussi une célébration des innovations audacieuses, des rêves futuristes et de la vision de Musk.

Dans "Démasqué : L'homme venu d'ailleurs", nous démystifions, avec affection et admiration, l'homme derrière la légende. En tant que lecteur, attendez-vous à être transporté à travers le cosmos, à travers des rires et des moments de pure stupéfaction.

Bonne lecture et bon voyage dans cette aventure intergalactique !

Table des matières

Introduction :
L'histoire d'origine de Musk

Dans l'immensité infinie de notre univers, parmi les étoiles, les nébuleuses et les galaxies sans fin, se déroulait un événement singulier. La voûte céleste, dans toute sa splendeur scintillante, s'apprêtait à réaliser l'un de ses tours les plus audacieux. Quelque part dans le couloir galactique entre Alpha Centauri et la Voie lactée, une capsule argentée filait à toute vitesse, défiant les lois même de la physique. Sa destination ? Un petit globe bleu-vert que l'on appelle la Terre.

La soirée de sa descente était loin d'être ordinaire. Au-dessus du village sud-africain de Pretoria, célèbre dans les cercles interstellaires comme le "Ritz des Escales Terrestres", des nuages se formaient en motifs bizarres. Hexagones, spirales, et oui, même des codes-barres, parsemaient le ciel nocturne, comme si les cieux effectuaient une transaction cosmique.

Pour l'œil humain non averti, cela aurait pu ressembler à un phénomène météorologique atypique, mais en réalité, c'était la première livraison terrestre de SpaceX. Et le colis ? Pas une technologie alien avancée, mais un minuscule nourrisson rayonnant, tenant fermement un manuel interstellaire intitulé "Comment Être Humain : Guide Complet pour les Entités Cosmiques."

La capsule, survolant les vastes terrains, choisit Pretoria comme point d'atterrissage et se posa doucement, émettant un léger bruit de 'ping' à l'impact. Les villageois s'assemblèrent, s'attendant presque à entendre un "C'est Amazon!" Mais au lieu de cela, ils découvrirent un bébé - Elon, arrivé avec toute la subtilité d'un vaisseau spatial atterrissant en plein milieu d'un village.

L'étrange apparition de cette capsule argentée ne passa pas inaperçue. En effet, pas moins de 19 personnes ont signalé l'événement à la police locale, décrivant avec stupeur un "véhicule céleste" atterrissant dans les plaines de Pretoria. Ces témoignages, aussi variés que précis, parlaient d'une lueur scintillante, d'un bruit sourd, et du mystérieux nourrisson trouvé à l'intérieur de la capsule.

La chaîne de télévision "Galaxie24" diffusa une émission spéciale à ce sujet, intitulée "Mystère à Pretoria : Le Visiteur des Étoiles". Les reporters étaient sur place, interrogeant les témoins, dont un fermier local qui déclara avoir vu des "codes-barres dans le ciel" et une enseignante qui jura que le petit bébé tenait entre ses mains ce qui semblait être un manuel de navigation cosmique.

Le "Pretoria Daily Times", l'un des plus importants journaux locaux, consacra une grande partie de sa première page à cet événement singulier, avec des titres accrocheurs tels que "L'enfant des étoiles" et "La Nuit où Pretoria Rencontra l'Univers". Le journal publia également une enquête fouillée, cherchant à découvrir la vérité derrière ce mystérieux atterrissage.

Cependant, malgré l'intérêt manifeste du public et les nombreux rapports circonstanciés, les autorités locales semblèrent vouloir étouffer l'affaire. Des camions noirs, sans aucune inscription, commencèrent à patrouiller dans les rues de Pretoria. Les témoins-clés furent interrogés à huis clos, et certains prétendirent même avoir été dissuadés de parler de ce qu'ils avaient vu cette nuit-là. Le site d'atterrissage lui-même fut rapidement clôturé et surveillé, tandis que les officiels locaux continuaient de réfuter tout événement inhabituel.

Mais, malgré leurs efforts, la rumeur s'était répandue. Le peuple de Pretoria savait qu'il avait été témoin de quelque chose de spécial, d'inexpliqué, d'une nuit où les étoiles elles-mêmes avaient semblé toucher la Terre.

Les Musks, des habitants locaux déjà connus pour leurs excentricités (après tout, ils avaient un suricate de compagnie nommé Zog), étaient les plus proches du site d'atterrissage. Et même s'ils attendaient bien une livraison - un tout nouveau grille-pain solaire - ce qu'ils reçurent fut bien plus électrisant. Un bébé. Elon. Le cadeau de l'univers à la Terre. Un enfant qui allait un jour remodeler la vision de l'humanité sur l'univers.

Dès son plus jeune âge, Elon se distinguait des autres bambins. Alors que la plupart des enfants rêvaient de bonbons et de jouets, lui était plongé dans des réflexions sur la propulsion des fusées et les réseaux énergétiques. À cinq ans, au lieu de jouer à la maisonnette, il tenta de construire une cabane dans les arbres à énergie durable, équipée de panneaux solaires et d'une éolienne. Ses tentatives de construire une éolienne furent un peu maladroites; une fois, il utilisa un parapluie comme turbine, et à chaque fois qu'il pleuvait, sa "centrale électrique" se transformait en abri improvisé pour les oiseaux, ce qui provoqua le rire des autres enfants du quartier. Mais Elon, loin de se décourager, prit cela comme une opportunité d'étudier de plus près les habitudes des oiseaux.

Ses années d'école furent tout aussi marquantes. Lors de séances de "montre et raconte", tandis que ses camarades présentaient des tortues ou des collections de timbres, Elon présentait un prototype d'hyperloop. Face à ces schémas techniques, un camarade lui demanda si c'était un nouveau modèle d'aspirateur qui fonctionnait aussi en lévitation. La maîtresse, légèrement décontenancée, lui décerna un "A" avec un petit mot : "Très imaginatif. Peut-être un peu trop? Et si tu pouvais vraiment inventer cet aspirateur volant, ma maison te serait éternellement reconnaissante !

Les rumeurs commencèrent à circuler. Elon venait-il vraiment de cette planète ? Tout semblait concorder. Sa curiosité insatiable, son inébranlable envie d'innover et son étrange tendance à fixer le point rouge dans le ciel nocturne (Mars, pour les non-initiés). Le village bruissait de rumeurs : "Est-il ici pour nous sauver ? Prépare-t-il la Terre à un grand plan cosmique ? Est-il simplement venu pour le Wifi gratuit ?"

Les spéculations ne s'arrêtèrent pas là. Certains anciens du village, assis autour du feu lors des nuits étoilées, parlaient d'une vieille prophétie. Ils murmuraient à voix basse qu'il venait de la planète Mars, mais les plus avertis pensaient que "l'enfant des étoiles" viendrait d'une planète située au-delà de la ceinture d'astéroïdes, peut-être même de l'exoplanète « Muskania » de la galaxie Zepter11. Une planète où, selon les dires, les guirlandes LED brillaient naturellement la nuit, et où les rivières coulaient avec une sorte de... lait d'amande épicé à la citrouille. Ces mêmes sages évoquaient une contrée où la gravité était telle que chaque habitant devait naturellement penser "hors de la boîte" pour ne pas être écrasé par son poids, tout en esquivant les fréquents averses de pluie de lattes caramel.

Des enfants, à la lumière de leurs torches, imaginaient que son lieu d'origine était peuplé de créatures mi-robot, mi-humain, où tout le monde conduisait des voitures électriques et où le principal divertissement était un quiz spatial en réalité augmentée. D'autres, plus audacieux, supposaient que cette planète lointaine avait déjà colonisé d'autres mondes et que la Terre était simplement leur dernier projet en date.

Mais une spéculation retint particulièrement l'attention : Elon était-il peut-être un simple voyageur interstellaire à la recherche de la meilleure tarte aux pommes de l'univers ? Après tout, n'est-ce pas la quête ultime de chaque être intelligent ?

À travers toutes ces spéculations, Elon grandissait, visant toujours plus haut. Fusées, voitures électriques, tunnels souterrains - il semblait qu'il n'y avait pas un seul domaine qu'il ne souhaitait pas révolutionner. Mais au cœur de tout cela se cachait la grande blague cosmique dont lui seul était dans la confidence. Car tandis que la Terre débattait de son génie, sa véritable mission ne faisait que commencer.

Peut-être était-il le gardien de la Terre, envoyé pour propulser l'humanité vers un avenir interstellaire brillant. Ou peut-être était-il simplement ici en vacances, et tout le reste n'était qu'un passe-temps. Les possibilités étaient infinies. Mais au fur et à mesure que se déroulent les pages de cette histoire, souvenez-vous de ceci : l'univers, dans toute sa vastitude, a un sens de l'humour bien particulier. Et Elon ? Peut-être est-il simplement sa chute.

Chapitre 1 :
Signes Avant-Coureurs

Un Petit Prodigieux de Province

Dans la charmante bourgade de Pretoria, où les vallées se dorlotent au soleil et où parfois une bête majestueuse se balade, un jeune Elon grandissait... ou devrais-je dire, s'« acclimatait». Sa demeure terrestre était modeste, blottie entre les baobabs et les jacarandas, à un jet de pierre du pépiement des oiseaux et du rugissement de la savane africaine. Mais pour Elon, ces mélodies terrestres étaient toujours accompagnées d'un doux bourdonnement – une fréquence qu'il était seul à percevoir, doux rappel de ses origines stellaires.

D'emblée, il y avait... des bizarreries. Quand la plupart des gamins s'amusaient dans des bacs à sable sans prétention, Elon, lui, avait comme terrain de jeu l'immensité de son imagination. Il pouvait rester des heures, les yeux rivés sur le ciel azur, dessinant sur le sol des motifs géométriques qui ressemblaient étrangement à... des équations de calcul avancé. Ses doigts traçaient les contours de villes futuristes et de systèmes de propulsion étonnamment avancés.

Un jour, ce jeune Elon, poussé par une curiosité insatiable, découvrit le grille-pain familial. Pour le commun des mortels, c'était l'outil du petit-déjeuner. Pour Elon ? Une première « confrontation » avec la technologie humaine. En quelques minutes, le grille-pain était en pièces. Non cassé, hein, mais démonté avec une précision à faire pleurer un horloger suisse. Mais alors, que fait Elon avec un grille-pain démonté sur la table de la cuisine ? Eh bien, il a fait ce qu'il fait toujours : révolutionner.

Alors que pour la plupart d'entre nous, l'apogée de l'innovation avec un grille-pain serait de faire dorer nos tartines à la perfection, Elon avait d'autres idées. Avec quelques ajustements par-ci et des rajouts par-là, notre cher extraterrestre avait transformé le simple grille-pain en une petite machine futuriste capable non seulement de griller le pain, mais aussi de le tartiner de beurre et de confiture tout en le gardant au chaud jusqu'à ce qu'on soit prêt à manger.

De plus, il était maintenant doté d'une fonction d'intelligence artificielle. Il pouvait discuter avec vous, vous donner les nouvelles du jour, voire vous recommander des recettes basées sur ce que vous aviez dans votre réfrigérateur. Le "ToastoTalk", comme il l'a affectueusement baptisé, est devenu le centre d'attraction de chaque matin.

On aurait pu penser que tout s'arrêterait là, mais non. Des rumeurs ont circulé selon lesquelles ce grille-pain amélioré était le prototype d'une série d'appareils de cuisine intelligents qu'Elon envisageait de lancer. Un mixeur qui vous donne des cours de salsa pendant que vous préparez votre smoothie ? Une bouilloire qui chante du Pavarotti en chauffant votre eau ? Avec Elon, tout est possible.

Le monde était en émoi, attendant de voir quelle serait la prochaine transformation d'un objet du quotidien par ce génie. Mais une chose était sûre : grâce à Elon, aucun grille-pain ne serait plus jamais regardé de la même manière. Qui aurait cru qu'un simple appareil de cuisine pourrait devenir un symbole de l'ingéniosité humaine... ou devrais-je dire, extraterrestre ?

Tech Humaine et Musk-querade

Mais son engouement ne s'arrêtait pas là. Radios, télévisions, le tout début de l'informatique ; tous subissaient le même sort curieux entre les mains de ce génie de Pretoria. Chaque gadget devenait un casse-tête, un défi à comprendre, puis à améliorer. Un épisode mémorable concernait la vieille télé de la famille. Après une des « interventions » d'Elon, l'appareil captait non seulement les chaînes locales, mais semblait aussi intercepter des signaux venus de galaxies lointaines, retransmettant des jeux interstellaires où les participants flottaient en apesanteur.

À mesure qu'Elon « vieillissait » (ou « simulerait le vieillissement », murmuraient certains conspirationnistes du coin), sa relation avec la technologie devenait légendaire. Le labo informatique de son école ? Transformé. Sous ses doigts, ces vieux ordinateurs, qui ne plantaient rien qu'à l'idée de lancer un jeu aussi basique que 'Pong', simulaient désormais des environnements multi-planétaires. Et une nouvelle fonctionnalité étrange était apparue : le « Mode Mars ». Personne ne savait vraiment à quoi cela servait, mais l'écran rouge qu'il affichait était curieusement apaisant.

Durant son adolescence, un événement marqua les esprits. Lors d'une sortie scolaire à un observatoire local, Elon fut particulièrement fasciné par un immense télescope pointant vers les étoiles. Là où ses camarades voyaient des amas d'étoiles et des galaxies lointaines, Elon, lui, voyait... des opportunités. Ou plutôt, des destinations. Le guide, un vieux monsieur astronome, s'exclama, perplexe : "C'est étrange. À chaque fois qu'il regarde dans l'objectif, notre équipement se met à biper comme s'il détectait un objet non identifié."

Premiers Pas dans un Univers Plus Grand

Mais ce n'était pas seulement avec la technologie qu'Elon semblait en phase. On avait toujours l'impression qu'il se préparait à quelque chose de grandiose. Chacun de ses « projets », qu'il s'agisse de transformer un vélo en générateur d'énergie ou de faire diffuser par le système de sonorisation de l'école des annonces en langues multiples (et apparemment extraterrestres), ressemblait à une étape. Une formation anticipée pour une mission encore inconnue.

Ses camarades plaisantaient souvent, à moitié admiratifs et perplexes, que Elon travaillait sur des « missions d'extraterrestre ». Et le jeune Musk, toujours dans le coup, répondait avec un clin d'œil : "Vous n'avez pas idée."

En effet, pendant que la plupart des ados rêvaient de rendez-vous et de jeux vidéo, les nuits d'Elon étaient peuplées de visions de fusées réinventées et de voyages interplanétaires. Ce n'étaient pas de simples rêveries ; c'étaient des visions. Des prophéties, presque. Des aperçus d'un futur qu'il était seul à percevoir, et peut-être, seul à pouvoir créer.

Chaque bidule qu'il touchait, chaque technologie qu'il modifiait, portait le sceau inimitable d'Elon. Toujours amélioré, toujours optimisé, et toujours... un brin extraterrestre. Ces premiers signes, ces interactions singulières avec le quotidien, n'étaient qu'un avant-goût. Une esquisse de la symphonie interstellaire à venir.

Car au cœur de Pretoria, parmi les chants des grillons et le lointain rugissement des lions, un prodige venu d'ailleurs émergeait. Un garçon des étoiles, sur une planète bleue, se préparant à un destin qui lierait les galaxies. Et alors que le soleil se couchait sur ces plaines africaines, la danse cosmique ne faisait que commencer.

Chapitre 2 :
Ses Aventures Interstellaires

SpaceX : Un Signe Subtil ?

Le nouveau millénaire pointait son nez sur Terre et avec lui, une nouvelle entreprise surgissait de l'esprit hors du commun de Musk. Découvrez SpaceX - ou comme certains murmuraient à l'ombre des fusées, "Space eXtra-terrestre."

Le public pensait que SpaceX cherchait à réduire les coûts du transport spatial, à rendre Mars habitable pour l'homme ; un noble dessein, certes, mais, entre les lignes et sous le métal des fusées Falcon, se cachait-il un secret plus grand ? SpaceX serait-il le projet audacieux de Musk pour non seulement toucher les étoiles mais pour... renouer des liens avec les siens ?

Chaque lancement semblait moins un exploit technologique qu'un message cosmique, un phare. Et si, dans les vastes étendues de l'univers, ces fusées signifiaient à ses proches célestes : "Je suis ici. Regardez comme j'ai progressé. M'observez-vous ?"

Le Vol du Faucon

Les fusées Falcon étaient prodigieuses. Réutilisables, majestueuses, d'une efficacité à en donner des frissons. Leur retour sur Terre, plus une danse céleste qu'un exploit d'ingénierie. Des rumeurs circulaient : le nom "Faucon" serait-il un clin d'œil à une entité cosmique, la "Nébuleuse du Faucon" ?

Starlink : Une Ligne Directe Galactique ?

Puis vint Starlink. Officiellement, une constellation de satellites visant à fournir un accès Internet à haut débit à tous les coins de la Terre. Les vidéos promotionnelles montraient des villages éloignés, autrefois privés de la magie du web, plongeant joyeusement dans le monde numérique. Mais pour une certaine frange de la population, cette explication semblait... simpliste.

En réalité, pour les adeptes du "Musk-isme", la théorie allait bien au-delà. Il y avait des murmures, des discussions à demi-mot dans les coins sombres d'Internet. Starlink, disaient-ils, était moins une voie vers le World Wide Web universel qu'une ligne directe vers le cosmos.

Après tout, avec une telle couverture satellite, qui pourrait dire avec certitude que Musk ne tendait pas des antennes vers sa planète d'origine, Muskania?

Un soir, Tania DuBois, une célèbre podcasteuse et théoricienne du complot, lança l'hypothèse selon laquelle chaque satellite Starlink possédait un canal crypté. Un canal qui, au lieu de diffuser des mèmes et des vidéos de chats, servait de passerelle vers la galaxie Zepter11. Elle suggéra, avec un clin d'œil malicieux, que chaque fois que nous envoyions un emoji "alien" sur nos smartphones, nous envoyions en réalité un salut chaleureux à nos voisins d'outre-espace.

Cette théorie devint si populaire qu'elle engendra une nouvelle tendance : les soirées "Hello Musk-anian". Les participants s'allongeaient dans leurs jardins, pointant leurs téléphones vers le ciel, inondant l'atmosphère de messages codés dans l'espoir d'une réponse interstellaire. Pour la plupart, c'était juste un amusement, mais pour quelques-uns, c'était l'espoir d'un signe, d'un clin d'œil de la galaxie d'à côté.

Le Tableau d'Ensemble

Chaque mouvement que Musk faisait, chaque entreprise qu'il lançait, chaque satellite qu'il mettait en orbite... Tout avait l'air de s'emboîter avec une précision méticuleuse dans une grande mosaïque cosmique. Les pièces du puzzle se mettaient en place, dévoilant lentement mais sûrement un tableau grandiose que seul un esprit aussi vaste et aventureux que le sien aurait pu concevoir.

Ce garçon autrefois tombé du ciel, qui avait grandi pour devenir une des figures les plus emblématiques de la Terre, semblait avoir une mission qui dépassait la simple ambition terrestre. Son désir de coloniser Mars, son besoin impérieux de relier chaque coin de la Terre avec Starlink, sa passion pour l'hyperloop comme moyen de transport futuriste : toutes ces initiatives paraissaient moins comme des entreprises indépendantes que comme des composantes d'un plan beaucoup plus vaste.

Les plus romantiques parmi les théoriciens soutenaient que Musk cherchait à établir une passerelle entre sa lointaine planète natale,

Muskania, et la Terre, espérant créer une symbiose entre les deux mondes. D'autres pensaient qu'il préparait notre monde pour une éventuelle rencontre avec d'autres civilisations, veillant à ce que la Terre ne soit pas laissée pour compte dans le grand schéma intergalactique.

Quelle que soit la vérité, une chose était certaine : Elon Musk n'était pas un simple entrepreneur. Il était un visionnaire, un rêveur, et peut-être, juste peut-être, le plus célèbre extraterrestre que la Terre ait jamais connu.

Chapitre 3 : Tesla & L'Extraterrestre Électrique

Pourquoi les Aliens Adorent le Transport Durable ?

Dans le royaume intergalactique, où les étoiles scintillent, un principe universel était clair : prospérer en respectant la nature. C'est peut-être cette sagesse que Musk a apportée sur Terre. Comment expliquer autrement son attachement presque mystique à l'énergie durable ? Tesla n'était pas qu'une entreprise automobile – c'était une révolution.

Mais alors, pourquoi Elon a-t-il lancé une Tesla dans l'espace ? Était-ce un simple coup publicitaire ou y avait-il une intention plus profonde (et cosmique) derrière ce geste ?

Le Covoiturage Galactique

On murmure dans les cercles restreints des ufologues à la moustache bien peignée que la Tesla envoyée dans l'espace était en réalité une annonce de covoiturage interstellaire !

Eh oui, imaginez : sur Mars ou sur Alpha du Centaure, les extraterrestres, soucieux de l'environnement, pratiquent assidûment le covoiturage. Mais voilà, leurs voitures volantes spatiales étaient toujours pleines, et ils cherchaient désespérément un moyen de transport écologique pour se rendre à leur conférence annuelle sur la durabilité des trous noirs.

Elon, avec son sens inné de l'opportunité intergalactique, a vu là une chance en or. En envoyant sa Tesla dans l'espace, il a voulu montrer aux extraterrestres que même sur Terre, nous avons des moyens de transport chics et écolos. Et qui sait ? Peut-être qu'un gentil extraterrestre a vu cette Tesla flotter dans l'espace, a fait un petit signe de la main, et a dit : "Eh bien, pourquoi pas ? Après tout, c'est une voiture électrique !"

Il a donc sauté dedans, branché son iPod galactique, mis ses chansons préférées et s'est mis en route, en roulant tranquillement dans la voie lactée, profitant de la douce mélodie de David Bowie, tout en se rendant à sa conférence.

Alors, la prochaine fois que vous lèverez les yeux vers les étoiles et que vous verrez une lueur scintillante passer, dites-vous que ce pourrait bien être notre Tesla, avec un extraterrestre au volant, chantant à tue-tête "Space Oddity". Et tout ça, grâce à la vision d'un homme : Elon Musk. Ou devrions-nous dire... Elon l'Extraterrestre ? 🪐🚗✨.

Autopilote : Plus Qu'il n'Y Paraît ?

La nuit était tombée, et le ciel scintillant révélait une myriade d'étoiles qui semblaient chuchoter les secrets de l'univers. Quand on s'arrête pour regarder, ces astres lointains semblent détenir les réponses aux questions les plus profondes de l'humanité. Et parmi ces énigmes, une se démarque : l'autopilote de Tesla. Comment une simple voiture terrestre pouvait-elle s'approprier une technologie digne des meilleurs films de science-fiction ?

Quand Elon Musk a présenté l'autopilote, le monde a été ébahi. Des véhicules qui se conduisent seuls, anticipent les obstacles, comprennent les feux de signalisation et s'adaptent au flux de la circulation... c'était du jamais vu. Mais cette avancée technologique serait-elle vraiment de son propre cru, ou s'agirait-il d'une inspiration venue d'ailleurs ?

Certains ufologues avancent une théorie audacieuse, évoquant l'idée que la technologie de l'autopilote ne serait pas le fruit du génie humain, mais plutôt un cadeau des extraterrestres. Selon eux, les OVNI repérés depuis des décennies possèdent une capacité de navigation autonome bien supérieure à tout ce que l'on connaît. Alors, Elon, avec ses origines extraterrestres présumées, aurait-il puisé dans cette technologie ancienne et sidérale pour concevoir l'autopilote ?

Les preuves, bien que circonstancielles, abondent. Comment expliquer la rapidité avec laquelle cette technologie a évolué ? Pourquoi d'autres géants de l'automobile, avec leurs décennies d'expérience, n'ont-ils pas réussi à mettre en place un système similaire avant Tesla ? Et comment se fait-il que, malgré les défis colossaux que pose cette innovation, Elon Musk semble toujours aussi confiant, comme s'il savait quelque chose que le reste d'entre nous ignore ?

Peut-être, après tout, la clé de l'autopilote ne se trouve pas dans les laboratoires de Tesla, mais plutôt parmi les étoiles.

Loin de se limiter à des feux de signalisation et des embouteillages, cette technologie pourrait un jour nous permettre de naviguer dans l'espace, de planète en planète, de galaxie en galaxie. Et si, au lieu de simplement transformer le monde du transport terrestre, l'objectif ultime de l'autopilote de Tesla était de préparer l'humanité à une ère d'exploration spatiale autonome ?

En scrutant la voie lactée, on ne peut s'empêcher de rêver. Après tout, comme le dirait Elon :"Quand on regarde les étoiles, il est difficile de ne pas rêver grand." Et avec l'autopilote de Tesla, ce rêve semble de plus en plus à portée de main

La Symphonie Silencieuse de la Durabilité

Derrière le vrombissement silencieux des moteurs électriques, se cachait une mélodie, une harmonie interstellaire. Chaque Tesla, dans sa glisse silencieuse, chantait une chanson d'espoir.

À la tombée de la nuit, les Tesla, avec leur douce lueur, veillaient, telles des sentinelles électriques, gardiennes d'une nouvelle ère. Une ère où la Terre, guidée par son "extraterrestre" le plus célèbre, trouverait sa place parmi les étoiles.

Chapitre 4 :
Neuralink - Décrypter l'Esprit

La 'Technologie Alien' qu'il Veut Implanter

Dans un monde toujours en proie aux mystères de ses propres merveilles biologiques, Musk nous présente Neuralink, une entreprise qui promet de combler le fossé entre le cerveau humain et les machines. Comme si les voitures électriques et les fusées ne suffisaient pas, Musk veut maintenant plonger directement dans notre essence, nos esprits. Mais quelle est la vraie histoire derrière cette audacieuse aventure ?

Dans l'immensité du cosmos, les civilisations avancées avaient depuis longtemps dépassé la simple communication verbale. Elles communiquaient par la pensée, par des impulsions de compréhension, transcendées par la barrière du langage. Le 'Neuralace', comme on l'appelait dans certains amas d'étoiles, était un maillage délicat de nano-fils qui enveloppait le cerveau, permettant aux êtres de se connecter, de communiquer et même de contrôler des dispositifs par la simple pensée.

Lorsque Musk parle de la puce Neuralink et de son potentiel, ceux qui ont une petite idée interstellaire y voient des échos familiers. Est-ce que ce Neuralink serait une version primitive du 'Neuralace' ? Musk essaierait-il d'introduire une nouvelle ère de communication, en s'inspirant du guide intergalactique ?

Le dispositif Neuralink, avec ses fils délicats promettant de s'entrelacer avec le cerveau humain, semblait trop avancé, trop extravagant pour la technologie terrestre actuelle. Son design, ressemblant à une pièce de monnaie avec de délicats tentacules, rappelait étrangement des artefacts anciens découverts sur des planètes lointaines. Des artefacts qui détenaient le pouvoir de déverrouiller des esprits, de partager des souvenirs, de tisser des histoires à travers les millénaires.

Témoignages : Les Secrets de Neuralink

Dans les recoins les plus sombres de l'internet, des témoignages troublants commencent à surgir, des récits d'utilisateurs de Neuralink qui défient toute logique. Obtenus à travers des moyens clandestins, ces témoignages semblent avoir attiré l'attention des plus hautes sphères de l'État. Plusieurs sources affirment que ces individus sont surveillés de près par la NSA et d'autres agences de renseignements, donnant lieu à des théories selon lesquelles ils pourraient être les porteurs d'informations qui dépassent l'entendement humain. Certains murmurent même que les ombres qui les suivent ne sont pas de simples agents, mais des êtres venus d'ailleurs. Avant d'entamer ce voyage à travers leurs récits, soyez prévenus : une fois que vous plongez dans ces témoignages, il n'y a pas de retour en arrière. Et qui sait qui pourrait commencer à surveiller... vous ?

Témoignages d'Utilisateurs de Neuralink :

Tim, 35 ans, Comptable :

"Depuis que j'ai Neuralink, je fais mes comptes en une fraction de seconde. Mais le plus étrange ? Dès que je vois des chiffres, j'entends une voix lointaine dans ma tête murmurer : 'Un avec l'univers, un avec le bilan.' Merci, Elon ?"

Joe Rogan, 56 ans, Animateur de Podcast:

"J'ai toujours eu une curiosité insatiable. Avec Neuralink, c'est passé au niveau supérieur. Lors de mes interviews, je ressens les émotions de mes invités avant même qu'ils ne les expriment. Et parfois, pendant mon podcast, je capte des fréquences inconnues, me donnant l'impression d'animer une émission pour toute la galaxie."

Eddie Bravo, 152 ans, Phd en théorie de la conspiration :

"Depuis que j'ai Neuralink, chaque fois que je ferme les yeux, je reçois ces images incroyablement nettes de la Terre... mais elle est plate ! Et chaque fois que je tente de contester cette vision, une voix douce et extraterrestre me murmure : 'Fais confiance à tes instincts, Eddie.' Je savais que j'avais raison ! Mais maintenant, je commence à me demander si Elon est vraiment de notre côté ou s'il est en train de jouer un jeu cosmique à un autre niveau...''

Mr Beast, 29 ans, YouTuber philanthrope :

"Avec Neuralink, mes défis YouTube ont pris une tournure intergalactique. Lorsque je pense à une idée folle pour ma prochaine vidéo, des visions d'extraterrestres m'envahissent l'esprit, me suggérant des défis encore plus grandioses. Et le plus fou ? Chaque fois que je réalise une de ces vidéos, je reçois d'étranges donations en crypto-monnaies venues de galaxies inconnues. Est-ce que Elon a des amis sur Mars qui sont fans de ma chaîne ?"

Zinedine Zidane, 51 ans, Ancien footballeur et entraîneur :

"Depuis l'installation de Neuralink, j'ai remarqué quelque chose d'étrange. Mes pieds semblent avoir leur propre intelligence ! Lorsque je touche un ballon, c'est comme s'ils étaient connectés à une autre dimension, exécutant des gestes avec une précision inégalée. Mais pour ce qui est de ma tête... eh bien, disons simplement qu'elle reste aussi imprévisible qu'avant. Qui sait, peut-être que Neuralink a su respecter certaines de mes particularités légendaires !"

Slimane, 34 ans, Chanteur et pas danseur :

"Vous vous demandez toujours pourquoi je porte ce bonnet tout le temps ? Depuis mon implantation de Neuralink, à chaque fois que je tente de le retirer, je reçois des notifications de conseils capillaires venant de... Mars ! Du 'Comment coiffer vos antennes' au 'Top 10 des looks pour les êtres intergalactiques'. D'accord Elon, je sais que j'ai de beaux cheveux, mais je ne pensais pas qu'ils intéresseraient des extraterrestres ! Alors, pour l'instant, le bonnet reste, pour garder tout ce bazar cosmique sous couverture."

Aymeric Caron, 50 ans (Métier : Végétarien) :

"Neuralink et moi, c'est une histoire cocasse. Avant, j'étais déjà sensibilisé à la cause animale, mais depuis l'installation de cette petite merveille, c'est tout un autre niveau. Chaque fois que je pense à un steak, une voix suave dans ma tête me chante les louanges du tofu et des légumineuses. Et ce n'est pas tout ! Lors d'un barbecue, en essayant de m'approcher d'une saucisse, j'ai soudainement visualisé un ballet de brocolis dansant la salsa. Incroyable, n'est-ce pas ? Grâce (ou à cause ?) de Neuralink, je suis désormais le plus fervent des végétariens. Merci Elon, j'imagine que c'est ta façon de sauver une vache à la fois !"

Gérard Depardieu, 74 ans, Métier : Sommelier... :

"Ah, Neuralink ! Quelle invention, mes amis ! Depuis que j'ai cette puce, je n'ai plus besoin de mémoriser mes répliques pour le cinéma. Elles apparaissent directement dans mon esprit comme par magie ! En revanche, chaque fois que je passe près d'une cave à vin, je ressens

une irrésistible envie de déguster un bon cru...
Coïncidence ? Je ne pense pas !"

Olivier Giroud, 36 ans, Métier : Mannequin sur le terrain, parfois footballeur :

"Depuis que j'ai adopté Neuralink, c'est une tout autre histoire sur le terrain. Avant, j'étais assez confiant avec mes deux pieds, mais maintenant, on dirait que j'ai deux pieds gauchers ! Lorsque je veux tirer à gauche, le ballon file à droite et quand je tire à droite il file à gauche. Je pense que la puce a été mal placée. C'est incroyable, mais aussi un peu perturbant, je dois l'admettre. Les gardiens sont totalement déconcertés, et pour être honnête, moi aussi. C'est comme si j'avais redécouvert le football... mais à l'envers !"

Laurent Ruquier, 60 ans, Métier : Juge des blagues, coupable de la plupart :

"Depuis que j'ai implanté Neuralink, mes goûts culinaires ont pris un tournant inattendu. J'étais habitué aux délices fins, mais maintenant, c'est étrange... je raffole des grosses merguez ! À chaque barbecue, je suis le premier à faire la queue pour en demander une, au grand amusement de mes amis. Et le plus fou ? À chaque fois que j'en prends une, j'entends une petite voix dans ma tête qui me chante "Merguez Party". Ah, la technologie, quelle aventure savoureuse !"

Fianso, 36 ans, (Métier : Ambassadeur des embouteillages) :

"Avant Neuralink, mon truc, c'était le rap et les textes profonds. Mais un jour, après l'installation de cette petite puce, une envie bizarre m'a pris : bloquer l'autoroute pour tourner un clip. Vous croyez vraiment que c'était mon idée ? Non, non ! C'était Neuralink qui m'a chuchoté : 'Fais un truc tellement dingue que même ton GPS ne pourra pas te suivre.' Et voilà, j'ai écouté ! Je me demande si Elon n'essaie pas de lancer une carrière de réalisateur à travers moi !"

Érica Naulleau, 60 ans, Ancienne Stripteaseuse :

"Depuis que j'ai Neuralink, chaque mouvement est synchronisé avec les battements du cœur de mon public. C'est comme si j'avais une playlist intégrée, choisissant toujours la chanson parfaite pour chaque instant. Et pour couronner le tout ? Mes pourboires ont doublé. Mais le plus surprenant, c'est cette petite voix qui me chuchote depuis un moment déjà des analyses sur Marcel Proust ou Victor Hugo. D'un coup, j'ai une soudaine envie de devenir critique littéraire. Je ressens même une impulsion pour critiquer mes propres opinions. Qui aurait imaginé la danseuse du ventre que je suis discutant de la recherche du temps perdu au lieu de mes prochains pas ? "

Une Connexion Cosmique ?

À mesure que de plus en plus d'humains se 'connectaient', le monde commençait à changer. Les idées circulaient sans effort ; la connaissance était partagée instantanément. Mais avec chaque connexion synaptique, une question subsistait : Neuralink était-il vraiment un prodige fabriqué sur Terre ou un pont vers le cosmos, un cadeau des étoiles ?

L'humour, les excentricités, les témoignages, tout laissait entendre une danse ludique entre le terrestre et l'extraterrestre. L'ambition de Musk était-elle seulement de connecter l'humanité, ou cherchait-il à nous présenter à une plus grande famille galactique ?

Une chose était sûre : avec Neuralink, l'humanité n'évoluait pas seulement ; elle s'accordait, peut-être enfin, à la grande symphonie cosmique, une pensée à la fois. Quoi qu'il en soit, il faut vraiment réinstaller la puce de Giroud, pour sauver sa carrière de mannequin.

Chapitre 5 :
The Boring Company

Vraiment pour le Trafic ?

Los Angeles : une métropole connue pour Hollywood, les célébrités, le ciel ensoleillé, et... ses embouteillages à perdre son âme. Lorsque Musk a présenté l'idée de The Boring Company, cela semblait être le messie pour les automobilistes. Des tunnels souterrains transportant des voitures sur des plateformes à grande vitesse ? Adieu les bouchons !

Mais dès que le premier trou fut creusé, et que l'énorme machine de forage baptisée "Godot" commença sa descente vers le centre de la Terre, les rumeurs ont commencé. Y aurait-il un autre but derrière ces tunnels ? Un but qui ne serait pas de ce monde ?

Parmi les fans d'astronomie, les on-dit se sont multipliés. Des histoires de villes souterraines sur des planètes lointaines, construites par des civilisations avancées pour échapper à des calamités de surface. Ces refuges troglodytiques étaient reliés par un réseau de tunnels à grande vitesse, étrangement semblable à ce que The Boring Company proposait. Musk, dans son infinie sagesse intergalactique, préparait-il l'humanité à un futur sous terre ? Ou plus passionnant, créait-il un vaste réseau souterrain pour communiquer secrètement avec ses copains cosmiques ?

Puis il y avait les curieux plans. Les premiers designs des stations de The Boring Company ressemblaient étrangement aux prétendus ports d'amarrage de vaisseaux spatiaux de la galaxie d'Andromède. Coïncidence ? Ou un signe d'intégration interstellaire ?

Lance-flammes : Un Outil Essentiel sur Mars ?

Alors que tout le monde pensait que les projets de Musk ne pouvaient devenir plus excentriques, voilà que sort le "Pas-un-Lance-flammes" de The Boring Company. Présenté comme un gadget amusant (et brûlant), son existence a soulevé plus de questions qu'elle n'a apporté de réponses. Pourquoi une entreprise axée sur le creusement de tunnels s'orienterait-elle soudainement vers la fabrication de lance-flammes ?

La réponse, certains le croyaient, était à des millions de kilomètres, sur la Planète Rouge.

Mars, avec son climat rude et ses éventuels bestioles souterraines, serait un environnement compliqué pour les pionniers. Quel meilleur outil à avoir à ses côtés qu'une source de chaleur fiable et compacte ? Que ce soit pour repousser des nuisibles martiens ou pour décongeler rapidement du matériel gelé, le "Pas-un-Lance-flammes" serait indispensable.

Jerry, 38 ans, Survivaliste : "J'ai chopé un de ces lance-flammes. Je me suis dit que si c'est bon pour Mars, c'est bon pour mes sorties camping. Par contre, j'ai accidentellement grillé mes chamallows... et ma tente."

Alice, 31 ans, Styliste : "J'ai customisé mon 'Pas-un-Lance-flammes' avec des strass et des paillettes. Maintenant, c'est l'accessoire le plus en vogue du défilé, littéralement !"

Au-delà de l'amusement, certains soutenaient que ces lance-flammes faisaient en réalité partie du grand kit de survie martien de Musk. Un outil essentiel pour les premières âmes courageuses qui appelleraient un jour Mars "maison".

Un Voyage à Travers Pour Atteindre les Étoiles

Les projets de The Boring Company, qu'il s'agisse de tunnels terrestres ou de lance-flammes extraterrestres, semblaient toujours revenir à un thème : préparer l'humanité pour le futur, que ce soit sur Terre ou sur des planètes lointaines. En surface, tout pouvait ressembler à du "business as usual" pour Musk, mais ceux qui regardaient attentivement ne pouvaient s'empêcher de se demander si chaque mouvement était une étape calculée dans une valse cosmique, une danse qui enjambait les galaxies, liait les mondes, et transcendait le temps.

À mesure que les tunnels s'allongeaient et que les lance-flammes brillaient, une chose devenait claire : avec Elon Musk à la barre, "ennuyeux" était tout sauf le mot juste.

Chapitre 6 :
Les Musings Martiens de Musk

Une Exploration approfondie de Ses Tweets

Le compte Twitter d'Elon Musk : où les rêves, idées, mèmes et déclarations occasionnellement perturbatrices du marché se croisent et se rencontrent. Ceux qui le suivent de près savent que ses tweets sont une énigme dans un mystère, le tout arrosé d'un clin d'œil malicieux. Quel autre magnat pourrait annoncer des avancées révolutionnaires en technologie neuronale dans un tweet et enchaîner avec un mème sur une licorne pétaradante ?

Lorsqu'il a tweeté : "Je viens de supprimer mon compte Twitter", pour revenir quelques heures plus tard, beaucoup ne savaient pas qu'il avait été enlevé momentanément par ses suzerains martiens, histoire de lui rappeler qui commande. Et lorsqu'il a proclamé : "Je suis en fait un vampire de 3 000 ans", cela a déclenché une frénésie sur Internet, se demandant quelle planète avait les meilleures banques du sang intergalactiques.

Puis, il y a eu le tweet qui disait simplement : "Occupy Mars", accompagné d'une image... de la Lune. Gaffe intentionnelle pour déstabiliser ses disciples terrestres ou clin d'œil subtil à ses confrères extraterrestres sur ses véritables origines ? Le monde ne le saura peut-être jamais.

Marion Cotillard, 47 ans, Actrice et Chanteuse : "Chaque fois qu'Elon met un emoji étoile sur ses tweets, j'ai presque envie de chercher le ciel pour des signaux. Qui sait, peut-être essaie-t-il de nous envoyer un message caché ?"

Conversations avec d'Autres 'Aliens' :

Maintenant, que nous savons tous que Musk est une entité d'un autre monde, il est logique de supposer qu'il n'est pas le seul sur cette planète. Tout au long de sa carrière, Musk a échangé avec d'autres personnalités de premier plan de manière à la fois amusante et déconcertante.

Prenons son interaction avec Jeff Bezos, par exemple. Lorsque Bezos a tweeté sur les progrès de sa compagnie spatiale, Blue Origin, la réponse malicieuse de Musk a été : **"Félicitations pour le symbole du recyclage, @JeffBezos! ☺🚀."** S'agissait-il simplement d'une taquinerie amicale entre concurrents ou d'un message codé entre camarades interstellaires ?

Il y a aussi eu son fameux passage sur le podcast de Joe Rogan. Entre des discussions sur l'avenir de l'IA et une bouffée d'un joint, ils ont abordé des sujets si profonds qu'on pourrait se demander s'il s'agissait d'une conversation décontractée ou d'une réunion extraterrestre des esprits. À la manière dont Musk philosophait sur les simulations et la nature de la réalité, on pourrait penser qu'il faisait subtilement allusion à ses origines éthérées.

Puis, il y avait les interactions avec des célébrités comme Kanye West. Lorsque West a annoncé son intention de se présenter à la présidence, Musk a immédiatement exprimé son soutien total. Une alliance extraterrestre potentielle à la Maison Blanche ? Ça donne le tournis !

Emma Watson, 32 ans, Actrice et Ambassadrice de l'UNICEF : "À chaque fois qu'Elon est aperçu avec une autre star, je me demande s'ils ne sont pas en pleine réunion intergalactique. Échangent-ils des secrets d'étoiles ou des scripts de films, qui sait ?"

140 Caractères pour Décoder le Cosmos

Les tweets et interactions de Musk, malgré leur hilarité et mystère, dessinent le portrait d'un homme qui ne se laisse pas enfermer par les conventions terrestres. Ses réflexions, allant du profond au profondément ridicule, nous donnent un aperçu d'un esprit qui pense au-delà de notre planète bleue, s'étendant dans l'immensité de l'univers.

Alors que nous rions de son prochain mème ou méditons sur sa prochaine déclaration profonde, une question subsiste : Elon Musk se moque-t-il simplement de nous, ou prépare-t-il subtilement l'humanité à un futur au-delà des étoiles, en compagnie d'autres bouffons interstellaires ? Seul le temps, et peut-être quelques tweets supplémentaires, nous le diront.

Chapitre 7 :
Twitter à X : Un Gag Cosmique ?

La Chute d'un Géant des Médias Sociaux

Ah, Twitter. Jadis le roi de l'écosystème numérique, le coin où tout le monde venait picorer des bribes d'infos, de pensées, d'idées saugrenues. C'était le berceau des révolutions, des amitiés nées de passions communes et des mèmes devenus viraux. Le petit oiseau qui gazouillait était iconique. Les termes 'tweet' et 'retweet' étaient devenus aussi banals que 'like' ou 'partage'. Mais comme on dit en France, "Toutes les bonnes choses ont une fin", et l'étoile de Twitter a commencé à pâlir lorsque Musk, notre extraterrestre énigmatique, en a pris les rênes.

De Twitter à X (je ne parle pas de filmes)

Le changement de nom a été rapide et inattendu. De Twitter à 'X'. Juste une lettre, mystérieuse, insaisissable. Si pour Musk, 'X' a une valeur sentimentale martienne (peut-être est-ce le "coucou" martien ?), nous, les Terriens, nous étions là, le bec dans l'eau.

Robert, 35 ans, Ex-Twitto addict : "Je me réveille un matin, j'essaye d'ouvrir Twitter, et pouf! Disparu! À la place, une appli épurée nommée X. Je croyais à une blague !"

Alors, pourquoi Musk, avec sa vision futuriste et son génie indéniable, a-t-il opté pour ce rebranding si abrupt ?

Le Faux-pas Galactique

Peut-être que Musk voulait simplement simplifier. Après tout, pourquoi s'embarrasser de 7 lettres quand une suffit ? Peut-être que 'X' symbolisait la rupture avec le passé et annonçait un avenir encore vierge. Ou alors, peut-être que 'X' est un clin d'œil à ses autres projets, SpaceX et Model X.

Mais là où il s'est planté comme une baguette dans un croissant, c'est en sous-estimant la force du sentiment et de la reconnaissance. Twitter n'était pas qu'une plateforme ; c'était une culture, un sentiment. Son image avait une histoire, un poids.

Perdus dans la Traduction

Sans la terminologie familière, beaucoup se sont sentis désorientés. Ils ne "tweetaient" plus mais "X-aient". Les retweets sont devenus des "reX". Et bien que cela ait un charme futuriste, ça manquait de la chaleur et de la familiarité de son prédécesseur.

Samantha, 28 ans, Manager des Médias Sociaux : "Apprendre aux clients à 'X' au lieu de 'tweeter'? C'était une catastrophe de branding. On avait l'impression de parler un langage venu d'une autre planète."

Une Théorie Intergalactique : Le Secret Derrière 'X' ?

Essayons de penser... façon extraterrestre. Et si 'tweet', pour nous simple gazouillis, signifiait quelque chose de radicalement différent dans le dialecte extraterrestre de Musk ?

Rappelez-vous quand Musk a nommé son enfant avec une série de symboles ? Peut-être que pour lui, 'X' est plus qu'une lettre. C'est peut-être son vrai prénom, ou un titre d'honneur sur sa planète natale.

Dans le mystère perpétuel qu'est Elon Musk, les théories abondent. Une chose est sûre : parmi toutes les décisions de Musk, celle-ci brille par son audace.

En attendant le prochain coup d'éclat de notre extraterrestre préféré, une question demeure : Quelle sera la prochaine étape du plan galactique de Musk ? Et serons-nous jamais prêts ?

Chapitre 8 :
Le Futur Selon Musk

Colonisation de Mars : Un Retour à la maison ?

Pour la plupart d'entre nous, Mars a toujours été ce petit point rouge mystérieux dans le ciel nocturne, une source de fascination et le décor de nombreuses histoires de science-fiction. Pour Musk, cependant, Mars pourrait bien avoir une petite connotation... plus personnelle. La colonisation de Mars est-elle un projet ambitieux pour le bien de l'humanité ou, en réalité, une grande fête de retrouvailles organisée par un expatrié ?

Imaginez la scène : Elon se tient au sommet d'une colline martienne, bras écartés, tandis que les Starships de SpaceX descendent du ciel. Les portes s'ouvrent et des Terriens impatients s'empressent de peupler la planète rouge. Mais parmi eux, une autre scène se déroule : une horde de Martiens excentriques accourt, étreignant Musk et le hissant sur leurs épaules, scandant : "Bon retour, E-Musk! Bon retour !"

L'idée que Musk voit Mars non comme une frontière, mais plutôt comme une 'réunion de famille' donne une tournure amusante à sa vision. Quand il parle de rendre la vie multi-planétaire, peut-être évoque-t-il sa propre existence entre les étoiles, proposant aux humains le même privilège (ou fardeau ?).

Michel Houellebecq, Auteur de SF : "Quand Elon parle de Mars, ses yeux pétillent. Comme s'il se remémorait de bons moments autour de barbecues martiens et de parties de ballon en apesanteur."

Ses Futurs Projets 'Aliens' et Prédictions

Si la colonisation de Mars n'est que la partie émergée de l'iceberg interstellaire, quels autres plans 'alien' Musk cache-t-il sous son gant extraterrestre ?

Hyperloop Hubs : Nous sommes impressionnés par l'idée de voyager de LA à San Francisco en quelques minutes, mais peut-être que le vrai plan est de connecter la Terre à

des hubs intergalactiques. Prochaine station ?
Alpha Centauri! N'oubliez pas le casse-croûte,
c'est un sacré trajet.

SpaceX Star-tels : Imaginez-les comme des
hôtels dans l'espace. Avec le nombre croissant
de vols Starship, il faudra bien loger tout ce
petit monde. Mais ne soyez pas surpris si le
concierge a une légère teinte... verte.

**La Vraie Raison Derrière le Design du
Camion Tesla** : Alors qu'il a suscité autant
d'émerveillement que de moqueries sur Terre,
peut-être que le design du Cybertruck est ultra-
tendance dans d'autres galaxies. Ultra-
moderne, presque incassable et avec un design
qui crie "Je viens d'un autre univers".

Wi-Fi Galactique : Avec les satellites
Starlink qui enveloppent la Terre, la prochaine
étape pourrait être de fournir du Wi-Fi pour
toute la Voie lactée. Et vous qui trouviez votre
forfait actuel salé !

Voyages Temporels : En utilisant la
puissance de la physique quantique et un
soupçon de technologie alien, peut-être que la

prochaine aventure de Musk sera dans l'industrie du voyage dans le temps. "Visitez le Big Bang ! Ou que dites-vous d'un déjeuner avec Shakespeare ? Réservez dès aujourd'hui avec les Voyages Tempus-Fugitus de Musk !"

Chaque projet, chaque ambition de Musk semble offrir un mélange exquis d'ingéniosité terrestre et d'excentricité extraterrestre. Et même si l'idée qu'il soit une entité d'un autre monde nous fait sourire, force est de reconnaître que sa vision du futur est, disons, cosmiquement innovante.

Beyoncé, 40 ans, Diva de la Pop : "Honnêtement, si demain Elon annonce qu'il a créé un duo musical avec un dauphin, je serais prête à collaborer ! Avec tout ce qu'il a déjà accompli, serait-on vraiment choqué ?"

Dans un univers rempli de mystères, Musk reste l'une de ses figures les plus énigmatiques. Les plus intelligents d'entre nous tous savent qu'il est un Alien. Il est peut-être venu se marrer et passer des vacances ou peut être venu nous propulser dans le futur ! Même s'il reste encore des naïfs qui pense que Elon Musk est humain, une chose est sûre : Le futur tel que Musk l'imagine promet d'être une aventure d'envergure interstellaire.

Conclusion :
L'Héritage de l'Extraterrestre

Récapitulons les 'Exploits' de Musk

Quel voyage interstellaire, n'est-ce pas ? De son "atterrissage" mystérieux sur Terre à la définition du futur des escapades galactiques et des retrouvailles martiennes, Elon Musk — que nous aimons tendrement appeler notre extraterrestre de quartier — a vraiment marqué sa présence sur notre chère planète bleue.

Embarquons pour un petit tour cosmique dans le rétroviseur :

SpaceX : Plus qu'une simple entreprise, c'est le phare qui éclaire sa future réunion avec sa planète natale. En nous offrant une fenêtre sur l'infini de l'univers, il a peut-être (volontairement ?) préparé la Terre à des rencontres du troisième type.

Tesla : Ce doux vrombissement des voitures électriques est bien plus qu'une révolution verte ; c'est un clin d'œil nostalgique aux OVNI silencieux. Et l'Autopilote ? Sans doute un petit signe en direction des capacités de vol avancées des vaisseaux extraterrestres.

Neuralink : L'idée d'intégrer de la technologie dans le cerveau humain nous semble futuriste, mais pour un extraterrestre hyper-connecté comme Musk, c'est probablement aussi basique qu'un vieux Nokia.

The Boring Company : Nous pensions que c'était pour résoudre les embouteillages. Mais si c'était la première étape vers des trous de ver interstellaires, ou des tunnels reliant divers coins de l'univers ?

Divagations Extraterrestres : Les péripéties de Musk sur Twitter et ses joutes verbales avec d'autres "extraterrestres" ont été un véritable feu d'artifice cosmique. Il ne pense pas seulement hors de la boîte, mais hors de notre galaxie.

Son Potentiel 'Retour' sur Sa Planète d'Origine

Alors que l'avenir s'écrit avec des couleurs venues d'ailleurs, une question subsiste : Elon retournera-t-il un jour chez lui ? Et s'il le fait, quel message de la Terre emportera-t-il ?

Imaginez : Un Starship SpaceX flambant neuf, aux courbes martiennes, prêt à décoller. Les moteurs s'enflamment, la fusée s'élance, et on se demande : est-ce le grand départ de Musk ?

Elon, à bord de son vaisseau, contemplant la Terre, pourrait se remémorer ses aventures, les ondes qu'il a créées et l'héritage qu'il laisse. La Terre n'était pas qu'une escale, c'était un défi, une passion, une romance.

Mais partirait-il pour de bon ? Ou juste un aller-retour pour retrouver ses potes martiens, ou ceux de Muskania, partager quelques souvenirs terrestres et peut-être se vanter de sa dernière Tesla ?

Catherine Deneuve, 79 ans, Actrice Icône du Cinéma : "Je rêve des récits qu'il pourrait partager sur sa planète d'origine. 'Oh, ces Terriens, toujours à penser que ma voiture dans l'espace n'était qu'une simple publicité !'"

Au final, l'héritage de notre 'extraterrestre' chouchou est audacieux, visionnaire, avec une soif insatiable pour l'inconnu. Qu'il vienne de Mars ou d'une autre galaxie, le parcours de Musk montre ce qui est possible quand on ose rêver au-delà des étoiles.

Dans un monde parfois trop ordinaire, il a été notre soupçon d'extraordinaire. Notre lien entre la Terre et les étoiles. Notre rappel que peut-être, tout compte fait, nous sommes tous un peu extraterrestres.

Poème : Elon Musk, l'Étranger du Cosmos

Au cœur de notre monde, parmi d'innombrables génies,
Un homme se démarque, défrichant l'inconnu.
Elon Musk, l'appellent-ils, avec une teinte de mystère,
Mais certains pensent qu'il n'est pas de notre terre.

Il veut aller sur de Mars comme pour retourner à la maison,
Avec des détails, il en parle, et une certaine passion.
Il imagine une colonie, sur la terre ocre et lointaine,
N'est-ce pas le rêve d'un être ayant déjà vu cette scène ?

Il domine la tech, avec une maîtrise sans égale,
Ses engins et fusées, défiant toute morale.
Il a une vision, surpassant celle de bien des hommes,
Comme s'il avait des échos de cosmos qui résonnent.

Observez Neuralink, ce pont entre esprit et technologie,
N'est-ce pas un pas vers son origine, ce n'est pas une ironie
!
Peut-être aspire-t-il à ce que notre race, avec finesse,
Joigne une conversation cosmique, dans une danse céleste.

Il évolue sans cesse, brisant les barrières,
Son ambition démesurée dépasse notre stratosphère.
Certains disent, en riant, qu'il est peut-être un alien,
Mais si c'était vrai ? Comment est-t-il devenu citoyen ?

Moralité :
Nous avons démasqué Elon, cet étranger des cieux,
Car tout pointe vers lui, comme un alien audacieux.